Cuentos
cruentos

T0055253

Cuentos cruentos
Dino Lanti

© 2008 Dino Lanti (texto)
© 2008 Pere Ginard (ilustraciones)
© 2008 Thule Ediciones, S.L.
Alcalà de Guadaira 26, bajos
08020 Barcelona

Director de colección: José Díaz
Corrección: Aloe Azid
Diseño de cubierta y maquetación: Jennifer Carná

ISBN: 978-84-96473-81-2
D.L.: BI-430-08

Papel de cubierta:
Savile now plain camel 200 g

Papel de interior:
Signum ahuesado de 90 g

Impreso en Gráficas Díaz Tuduri S.L.

www.thuleediciones.com

Cuentos
cruentos

Dino Lanti

Los siete enanitos
en paro

En los ochenta la mina
del bosque encantado cerraron
y hasta los siete enanitos
se quedaron en el paro.

Desde entonces todos ellos
se tuvieron que enfrentar
al espejito, espejito
de la dura realidad.

Y estaban todos tan tristes
(imagínalo si puedes)
que no podía alegrarlos
ni siquiera Blancanieves.

Porque quién iba a decirles
que de aquel hermoso valle
un buen día les pondrían
de patitas en la calle.

Y como ninguno de ellos
estaba hecho un alevín

nadie les daba trabajo
ni de gnomo de jardín.

Ahora, desmotivados,
ya no hacen nada bien,
y no se ponen en fila
ni en la cola del INEM.

El enanito gordito
—veréis que el destino es cruel—
bebía como una cuba
estando ya como un tonel.

Y como era de esperar
en un cuento realista,
el enanito mudito
nunca pasó una entrevista.

Cansado de no hallar nada,
el enanito dormilón
se echaba el día durmiendo
frente a la televisión.

El enanito tontín
a una anciana disfrazada
un día le fue a robar
la manzana envenenada.

Los meses iban pasando
y era tanta la tensión
que el enanito feliz
cayó en una depresión.

Y el enanito gruñón,
que ya era sindicalista,
un día acabó metiéndose
en un grupo terrorista.

Entonces los enanitos,
hartos de lunes al sol,
fueron a buscar trabajo
en un tablero de rol.

Y ahora trabajan los siete
de duendes meridionales,
pero les pagan muy poco
porque allí son ilegales.

MORALEJA

No hace falta ser muy listo
para entender al momento
que la vida de un parado
no es una vida de cuento.

El monstruo
del armario

Escuchad la triste historia
del monstruo que se metió
en el armario de un niño
que con llave lo encerró.

Cuando oyó la cerradura
se quedó aterrorizado,
temiendo haberse metido
en un armario empotrado.

«¿Cómo no caí en la cuenta
—se dice entre lagrimones—
cuando noté que a este armario
le faltaban dos cajones?

Debí haber sospechado
—si eso cualquiera lo ve—
de que este niño viviese
justo en el noveno B.

Además, aunque no estudia,
Luisito nunca suspende,

no hace falta ser muy listo
para ver que el niño entiende.

Si incluso las Barriguitas
están de él hasta las pecas,
pues por mucho que las cuida
se le rompen las muñecas.

La ropa estaba planchada,
las mudas nada decían,
¿quién podía sospechar
el ambiente que aquí había?

Y el candado no lo abre
ni una banda de ladrones,
que aquí dentro todo está
lleno de "combinaciones".»

Una noche oyó un ruido
tras un chaleco estampado
y al ir a mirar quién era
se encontró a un gato encerrado.

Algunas veces al monstruo
le coge claustrofobia,
encerrado en ese armario
como un vestido de novia.

Pero por las noches piensa,
recostado en un jersey,
que quizás de aquí a unos años
Luisito sabrá que es gay.

Pero por la cerradura
le ha visto tener tres hijas
sin hacer caso a los gritos
que pega por las rendijas.

MORALEJA

Si crees que en el armario
tienes un monstruo encerrado,
déjale abierta la puerta
porque tú estás a su lado.

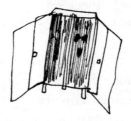

El marqués de Esade

Vicioso lector, que buscas
con el pulso acelerado
sensaciones inauditas,
escucha este cuento *osado*.[1]

Que aquí te traigo la historia
—mi hermanastro, mi cofrade—
de la becaria Justine
y el brutal marqués de Esade.

Era jefe el señor Márquez
de un despacho financiero
con sede en el Reino Unido
y sed-de mucho dinero.

«Todo el que entre en esta empresa
—decía siempre el marqués—

1. Seas diestro, zurdo o manco
al leer esto recuerda
que debes girar las páginas
siempre con la mano izquierda.

que pierda toda esperanza
de irse a su casa a las tres.»

El señor Márquez gozaba
sin pudor ni disimulo
que sus cuarenta empleados
le relamiesen el culo.

(¿Quién podía sospechar
—así son las apariencias—
que un hombre sin vacaciones
guardase tantas licencias?)

Si alguno llegaba tarde
o salía puntual
el marqués lo rebajaba
al puesto de comercial.

Al verlos allí sufrir,
maniatados a la mesa,
al señor Márquez de Esade
se le iba poniendo tiesa.

Cuando cuadraban los números
y se cumplía el programa
el marqués se estremecía
pegado al *orgasnigrama*.

El marqués le daba a todo,
contable o ejecutivo,
se diría que en la empresa
él era el único activo.

Pero nada en este mundo
excitaba al animal
como una sindicalista
o una baja maternal.

Cuántas tardes se quedaba
a recortar la plantilla,
ni siquiera su bonsái
escapó a la pesadilla...

Un día llegó a la empresa
la señorita Justine,
una becaria inocente
con cara de querubín.

No hará falta que os explique
que aquella dulce apariencia
despertó en nuestro marqués
la más cruel concupiscencia.

Con gritos un tanto ambiguos
el marqués siempre la humilla:

«¡Imprímame estos archivos
en arial diez, bastardilla!»

Pero no penséis, lectores,
que a Justine esto le asusta,
que, por la cara que pone,
se diría que le gusta.

Él le va dando trabajo
por delante y por detrás
y ella, que nunca se queja,
parece que quiera más.

Siempre que el marqués la ve
encerrada en su cubículo
le entran ganas de dictarle
su dilatado currículo.

Pero a pesar de las broncas
el marqués no la despide
porque sabe que Justine
le da siempre lo que pide.

Pues ella es la más sumisa
de todas las secretarias
y quiere que siga dándole
más horas *extraordinarias*.

Un día le dijo el marqués
«le tengo una gran estima
pero tráigame a su hermana,
que yo le daré una prima.»

MORALEJA

Si os ha gustado este cuento
me despido gentilmente,
si no, dejad que os dedique
un despido improcedente.

LA VIDA
ES PLAYMÓVIL

ÉraSMS una vez
una consola Game Boy
que se colgó de un playmóvil
que se creía un playboy.

Nuestro playmóvil quería
solamente teclear
en una pradera Amena,
bajo un cielo Movistar.

Pero ella quería dormir
con las teclas de almohada
y traerle el desayuno
en su bandeja de entrada.

Cada día a cualquier hora
él le hacía una llamada
y de tanto descolgar
fue ella quien quedó colgada.

Cada día a cualquier hora
él le hacía una perdida

y al final fue ella quien no
pudo dar con la salida.

Otras veces le enviaba
canciones de politono
y por las noches un beso
con lengua de emoticono.

O le mandaba mensajes
con vídeo a su corazón,
ya veis que su amor era
de última generación.

Pero cuando se cansó
le puso a esta historia fin
deshaciéndose del móvil
y olvidándose del PIN.

Desde entonces se alejó
hasta marcarse un prefijo
y después de tanto amor
no la llamaba ni al fijo.

Como no le respondía
ni el botón de rellamada,
la consola se quedó
—digamos— desconsolada.

Ella dejó de llamarlo,
ya no habría Bodafone,
poco a poco fue quedando
sin saldo en el corazón.

Hasta que un día tiró
el móvil a la basura
y entonces el suyo fue
un amor sin cobertura.

;)

:0

MORALEJA

Aunque nunca tenga saldo
el amor nunca está inmóvil.
Cambia, pues, siempre de número
porque la vida es playmóvil.

:(

;(

Apaga a ratos el móvil,
que conste que te he advertido,
pues cuando llama el amor
lo hace a cobro revertido.

The Punk Panther

Se tiñe el pelo de rosa,
algunos piensan que es muda,
pero yo sé qué le pasa,
y es que todo se la suda.

Se le pone el pelo en cresta
si en la tele sale el rey,
y lleva escrito en el lomo
«ni dios, ni patria, ni ley».

Reniega de la familia
(sobre todo de las suegras)
y sólo se siente a gusto
entre los Panteras Negras.

Pasa las noches despierta
escuchando a Extremoduro
y las mañanas durmiendo,
feliz porque no hay futuro.

No le gustan las fronteras,
nunca necesitó un mapa,

pues si ignora adónde va
sabe bien de lo que escapa.

El viernes sale a tomar
unas cervezas con Porky
y cuando va por la quinta
recita trozos de Gorki.

Cada mañana publica
una tira en un fanzine
y por la tarde aporrea
su batería de cinc.

Le gusta el rojo y el negro,
rechaza la vida en rosa,
el futuro lo ve oscuro
y las resacas borrosas.

Se siente un poco enjaulada
en este mundo maldito,
aunque se parte la caja
cuando se fuma un porrito.

Pero otros días se siente
como encerrada en un zulo
y envía todo a la mierda
y el resto a tomar por culo.

Y aunque reniega de todo
algo ha llegado a afirmar:
que nada por qué morir
es nada por qué matar.

¿Cómo no contradecirse,
cómo no estar confundido,
siendo un dibujo animado
que está a la vez deprimido?

Se tiñe el pelo de rosa,
algunos piensan que es muda,
pero yo sé qué le pasa,
y es que todo se la suda.

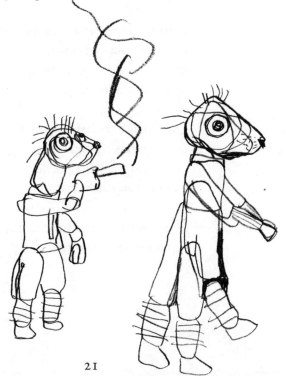

CENICIENTA
KILOS Y MEDIO

Cenicienta estaba gorda
y lo pasaba fatal
pues siempre se le rompían
los zapatos de cristal.

Iba cada noche al baile
y en un rincón se sentaba,
pero siempre daban las doce
y el príncipe no llegaba.

Porque aunque ella fuese por dentro
más hermosa que una flor,
es un cuento eso que cuentan
de la belleza interior.

Que cuando te has de poner
las braguitas con tenazas
ni el hada madrina puede
conjurar las calabazas.

Si quieren contarte un cuento,
tú mejor hazte la sorda,

pues nunca el príncipe azul
sacó a bailar a una gorda.

Aunque ella estaba en forma
(forma de telecabina)
empezó a tomar su leche
poniéndole sacarina.

Incluso el hada madrina
intentó quitarle el pan
haciendo de su varita
una barrita de all-bran.

Pero la varita mágica
Cenicienta la fue a usar
para hurgarse en la garganta
y empezar a vomitar.

A los veinte la ingresaron
por debajo de los treinta,
se le había ido el color,
tenía la piel cenicienta.

Si quieren contarte un cuento
es mejor que no lo creas,
que nunca el príncipe azul
quiso bailar con las feas.

Como los días pasaban
sin ver a un príncipe guapo,
Cenicienta aceptó un día
salir a cenar con un sapo.

A sus amigas les cuenta
que no es tanto lo que pierde
cambiando a un príncipe azul
por un lindo sapo verde.

MORALEJA

Mira, mira, niña tonta,
mira que yo no te miento:
por cada príncipe azul
hay sapos verdes sin cuento.

Operación Fracaso

Poco antes de fallecer
el señor Rico le dijo
a su hijo que le prestase
atención a plazo fijo.

«Escúchame bien —gimió—,
esta vida de trabajo
la enviaría ahora mismo,
si aún pudiese, al carajo.

Siempre he andado con recados
pisándome los talones
hasta quedarme sin fondos
para las demás cuestiones.

Como para ser el primero
no hay segundo que perder,
delegué en un tercero
el primor de mi mujer.

Empresario emprendedor,
prisionero de la prisa,
en mi empresa quedé impreso
tras las barras de mi Visa.

He malgastado mi vida
dirigiendo un espejismo
en el que iba a ganarlo todo
y al fin me perdí a mí mismo.»

Lo último que su padre
le dijo antes de expirar
fue: «Hijo mío, sé valiente
y atrévete a fracasar.»

«Qué inversión más desastrosa
—pensó su hijo con horror—
que me pida esto después
de haberme hecho un triunfador.»

Sus estudios de económicas,
su máster en los «States»,
todo lo llevaba a ser
un verdadero Bill Gates.

En un principio pensó
que todo aquello era injusto
pero se puso asertivo
cuando se le pasó el susto.

Convocó inmediatamente
una reunión personal
para diseñar con urgencia
un proyecto empresarial.

El fin era fracasar
—ved lo curioso del caso—:
plan quinquenal que la junta
llamó «Operación Fracaso».

Con constancia y horas extras,
sacrificio y disimulo,
poco a poco fue enviando
su vida a tomar por culo.

Y como era de esperar
nuestro eterno triunfador
fue ganando la partida
y se volvió un perdedor.

Pero como nuestro héroe
nunca se toma un respiro
llegó a hacerse director
en un banco del Retiro.

De este modo consiguió
cumplir el último paso
y cobró los incentivos
de su «Operación Fracaso».

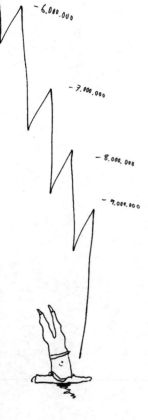

- 6.000.000

- 7.000.000

- 8.000.000

- 9.000.000

¡Perros sí!

Los perros están de huelga
porque el barrio se llenó
de carteles inhumanos
donde pone «Perros no».

Concentrados en el parque,
conspiran enfurecidos
a la vista de sus amos
que los miran distraídos.

Dice una perra salchicha
—yo sólo expongo los hechos—
que aún estando a cuatro patas
los perros tienen derechos.

—Si nos sueltan, ¿no corremos?
Si nos sacan, ¿no meamos?
¿Por qué, si somos iguales,
siguen siendo ellos los amos?

»Echaron primero a las vacas,
pero no nos importó,

luego echaron a las cabras,
perro nadie protestó.

»Ahora nos cierran la puerta
en el mismísimo morro
y es tarde y no queda nadie
a quien pedirle socorro.

Cortando al perro salchicha
(cosa bastante normal)
un pastor —ateo— belga
ladró a través del bozal:

—Perros del parque, uníos
contra quien os aperrea,
nada tenéis que perder
fuera de vuestra correa.

»Levantemos nuestras patas
y antes de hacernos pipí,
unamos nuestros ladridos
y gritemos: "¡Perros sí!".

—Para mí —dijo insidiosa
una perra pequinesa—,
que esa perrita salchicha
tiene pinta de *hamburguesa*.»

Ajenos a la revuelta
que en el parque se gestaba
a los amos de los perros
se les caía la baba.

—Debemos organizarnos
—dijo un pastor alemán—
hasta que formemos juntos
un frente *republicán*.

»¿Por qué se trata mejor
que a nosotros a los gatos?
Porque esos hijos de perra
formaron un *sindigato*.

»Debemos estar unidos,
nada puede un solo can,
juntemos nuestros alientos
hasta ser un huracán.

Pero entre tanto ladrido
de tendencia reformista
alzó tonante su voz
un caniche terrorista:

—Perros rabiosos del mundo,
esta sociedad infecta

debe ser aniquilada
mediante *micción directa*.

Desde entonces se ha atentado
contra más de un calcetín,
y un nuevo fantasma recorre
el pipicán del jardín.

Y en una misión suicida,
cruenta y desesperada,
un San Bernardo logró
cagar bajo una almohada.

Última hora

En el último atentado,
un perrito papillón
se frotó ante una abuelita
contra el brazo del sillón.

MUÑECAS RUSAS

Escuchad la triste historia
del caballo de cartón
y de la muñeca rusa
que le hizo perder la razón.

Cuando la vio por la calle
de la mano de Tintín,
creyó que estaba delante
de una actriz de cine exín.

En el corazón partido
se puso un esparadrapo
y no paró hasta robarle
un beso con lengua de trapo.

A cada no cumpleaños
le compraba un tigretón
y se lo domesticaba
por si le daba aprensión.

Pero nunca le regaló
un príncipe de Beukelaer

no fuese que la galleta
se la quisiese mojar.

Como se sentía sola
estando lejos de Moscú,
un día le trajo a casa
un cachorro de Milú.

Y aunque ella sólo fuera
cajera en Leroy Merlín,
para llegar al trabajo
quería un micromachín.

Su madre ya le decía
que dentro de una katiuska
se esconden muchas muñecas
y una sola pelandusca.

Con abrazos de oso panda
y lametazos de colie
consiguió que le pusiese
un piso en el Monopoly.

Pero, como en vacaciones
se ahogaba en Lavapiés,
él le compró en las afueras
una torre de ajedrez.

Y para poder hacerle
una casa de parchís
tuvo que acabar pidiendo
un préstamo en Petit Suisse.

Sus amigos le decían
que no fuese tan idiota,
que esa muñeca debía
tener la muñeca rota.

Cuando no le quedó nada,
atracó el banco de Snoopy
y le compró una casita
frente a los mundos de Yuppy.

Secuestró luego a un cerdito
para poderle pagar
el Pelikán de dos pisos
que nunca te han de comprar.

Entonces tuvo que huir
saltando por el Enredos
y no encontraban su pista
ni en el tablero del Cluedo.

Una noche fue arrestado
en una esquina del Risk

y en Mongolia fusilado
por un pelotón de clicks.

Su madre ya le decía
que dentro de esa muñeca
había más risas falsas
que en una pinacoteca.

MORALEJA

Vigila bien tus juguetes
o caerán en la miseria,
que el amor incluso en broma
es una cosa muy seria.

Los tres cerditos

Los tres cerditos no quieren
seguir viviendo encerrados
en una sucia pocilga
de treinta metros cuadrados.

—Vámonos con los humanos
—le dice el mayor al resto—,
que aunque somos tres marranos
no nos merecemos esto.

Pero al ir a mirar pisos
tuvieron que ir dando saltos,
que hasta los músicos de Bremen
veían los precios altos.

Y por mucho que buscaron
montados los tres en su scoopy,
un metro cuadrado cuesta
lo que la casa de Snoopy.

El más pequeño fue a un banco
y allí un señor muy cortés

le prestó alguna atención
con muchísimo interés.

—En este banco —le dijo—
seguimos una receta:
si un mes no trae la pasta
nos entrega una chuleta.

Al salir el cerdo tuvo
que sentarse en una acera,
y es que hoy una hipopoteca
le quita el hipo a cualquiera.

Si es que el cerdito prefiere
casi que no se la den,
que hoy para pagar un crédito
hay que ser Matusalén.

El mediano también quiso
tener su propia casucha,
pero de tanto ahorrar
dio en creer que era una hucha.

Y andaba siempre con miedo,
pues ser hucha imaginaria
puede ser más delicado
que burbuja inmobiliaria.

En el manicomio suele
jugar solo al ahorcado,
pues dice que a cada letra
se siente más asfixiado.

(Noten que el moroso sufre
anorexia, y con razón,
pues cuanto más tipo tiene
más se aprieta el cinturón.)

El mayor abominaba
de echarse a lomos la cruz
de arrastrar una hipoteca
a treinta y pico años luz.

Si incluso corre el rumor
de que lo dejó su novia
porque siempre que salían
le cogía agorafobia.

Al final los tres cerditos
volvieron con los marranos
cansados de mal vivir
entre los seres humanos.

MORALEJA

Quizá este cuento sin lobo
no lo llegues a entender
hasta que pidas un crédito
en el banco Santander.

Ve cavando bajo tierra
un espacio a tu medida
porque no vas a tener
un piso en tu puta vida.

EL GENIO
DE LA BOTELLA

Yo sé que papá es un genio,
una mente que descuella,
porque siempre asoma el cuello
cuando se abre una botella.

Pero si papá es un genio,
mi abuelo era un adivino,
pues ¿cómo va a ser casual
que diese en llamarlo «Albino»?

No lo digo con orgullo,
sólo quiero que se sepa
que aunque sea un inmigrante,
mi padre es de pura cepa.

Cuando mamá oye la puerta,
como tiene oído fino,
nunca pregunta «quién es»,
sino que afirma «quién vino».

Yo, en cambio, a veces me duermo
rezando por que papá

no encuentre el camino a casa
y se quede donde está.

Pero luego me arrepiento
y enseguida lo retiro
por si al colarse de puerta
alguien lo mata de un tiro.

Algunas veces, estando
frente a la televisión,
nos hace reír y entonces
olvido que es un cabrón.

Cuando mi madre le grita
que se irá de casa un día,
mi padre siempre le dice
que un par de horas bastaría.

Cada vez que hacen las paces
se echa un traguito y celebra
que se haya restablecido
el convenio de Ginebra.

No es que sea pesimista,
pero papá (no te rías)
las botellas medio llenas
las deja medio vacías.

Cuando un día papá muera
con el hígado hecho trizas,
seguro que tarda un mes
en convertirse en cenizas.

Yo sé que papá es un genio,
una mente que descuella,
porque siempre asoma el cuello
cuando se abre una botella.

La vuelta al mundo
en ochenta cercanías

*Lo que no ha pasado a
mediodía puede pasar
por la noche.*

César Borgia

El regalo que Djamila
pidió al cumplir siete años
hizo llorar a su padre,
que era un hombre un tanto huraño.

Mohámed se quedó viudo
(ya parece que fue ayer)
antes de que en la Península
pudiese entrar su mujer.

Al poco llegó Djamila,
niña guapa y andariega
que, tras una meningitis,
acabó quedando ciega.

Por eso cuando le dijo
que quería de regalo
dar la vuelta a todo el mundo,
su padre se puso malo.

(Y es que a Djamila ese otoño
se le enganchó la canción
—¿a quién no se le ha pegado?—
de que ochenta días son.)

Aquella noche Mohámed
sueña con que su mujer
lo despide con la mano
desde los muelles Alger.

Luego sueña con su padre,
que le agarra la muñeca
y llora porque se muere
sin haber ido a la Meca.

A la mañana siguiente
se pide fiesta unos días
para dar la vuelta al mundo
en ochenta cercanías.

Compró dos bonos de tren,
se estudió bien el horario

y acordó con los vecinos
el mejor itinerario.

Mientras Djamila en su cama
tiene sueños vagabundos
no sospecha para nada
lo cerca que está del mundo.

(En el trayecto habrá algunas
inverosimilitudes
pero los niños son listos
y las obvian, no lo dudes.)

Todas las noches Mohámed
se estudiaba alguna guía
para saber qué paisajes
describirle por el día.

Todos los que le escuchaban
pensaban que estaba loco,
pero hubiesen deseado
estarlo también un poco.

Mientras el tren recorría
las praderas de Mombasa,
no imaginaba Djamila
que estaba al lado de casa.

En casa de los Mobutu
comió carne de gorila
y la enviaron a la cama
bailando todos en fila.

Con la familia Strogoff
—los del puesto del mercado—,
subió a la montaña rusa
de los columpios de al lado.

Y en casa de los Yan Sun
Djamila comió Yin Seng
y vio la ciudad prohibida
andando por su almacén.

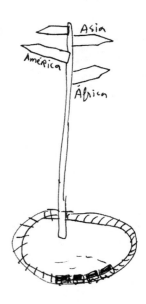

Telepizza la llevó
a Roma a por spaghettis
y una tarde en Cornellá
vio al león del Serengueti.

En el tercero vivía
una pareja argentina
con la que fue a ver la Pampa
en el parque de la esquina.

De Londres a Yokohama
de San Francisco a Bombay,

Djamila juega Alabama
y está que no Paraguay.

Mohamed siempre reserva
habitaciones con vistas
a los mejores paisajes
porque no van de turistas.

Una tarde la llevó
a ver la Barceloneta
y le contó que Colón
atracó allí su corbeta.

En el mercado latino
oyó cantar la Llorona
y remó en la Ciudadela
por el oscuro Amazonas.

Djamila se echó a llorar
cuando les tocó volver,
pues sabe que en el hogar
volverá a no poder ver.

Aunque han sido dos semanas
vagando sobre vagones
Djamila siente que han sido
dos años de vacaciones.

Y es que Djamila montó
sin pegas aquel Pegaso
y no exagero si digo
que gozó hasta los retrasos.

En su habitación Mohámed
se echa a llorar como un bobo
porque él también ha pasado
cinco semanas en globo.

Nuestro sponsor dice:

Del Clot a Santa Coloma,
de Montcada a Granollers
no veas cuántos países
puedes ver con la T-Diez.

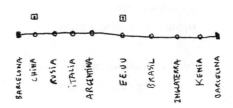

ALICIA EN EL PAÍS DE LAS MARAVILLAS

Esta es la historia de Alicia,
que una noche de pastillas
se quedó atrapada en el
país de las maravillas.

La había dejado el novio,
le había gritado a mamá,
sus amigas le dijeron:
«Venga, tonta, tomalá».

Al cabo de unos minutos
se sentía un dirigible,
partiéndose en las alturas
como un gatito invisible.

No es para menos la cosa
cuando se ondula el parqué
y los vasos de martini
te susurran: «Bebemé».

Alicia va tan deprisa
que se deja atrás las bragas,

y es que te coge una risa
que te meas que te cagas.

En el baño vio a María
peinando con un carné
la piel de un conejo blanco
que le dijo: «Pruebamé».

Alicia siempre está a dieta,
pero esa noche está fina
y pasa de que esos gramos
no sean de sacarina.

Como al salir de la disco
les queda tema de sobras,
se van a hacer botellón
en un descampado en obras.

Aunque en el Ibiza ponen
siempre el último de Estopa
el CD que se les raya
es el de Jenifar Lopa.

Y cuando Lucía saca
un cuarto de LSD
Alicia, que va a doscientos,
le dice que se lo dé.

Pero a Ali ya no le mola
ver que sus miembros se estiran
ni que todas esas ratas
la miren como la miran.

El conejo le aconseja
que se dé pronto a la fuga
porque el chico del cubata
va a convertirse en oruga.

Alicia sale corriendo
entre los conos naranjas,
guiada por el conejo
que se tira en una zanja.

Cuando Alicia se despierta,
el conejo ya está afuera
y así en plena madrugada
se ve en plena madriguera.

MORALEJA

Si te pasas de la raya
y ves elefantes rosas,
no te asustes porque luego
verás muchas otras cosas.

PETER PUNK

Algunas veces me sube
la fiebre del viernes noche
y lo tiraría todo
por la ventana del coche.

Tiraría mi trabajo,
tiraría este espejismo,
tiraría la toalla,
me tiraría a mí mismo.

Tiraría por un hilo
hasta tirar de la manta
y tiraría a mi esposa,
que no sé cómo me aguanta.

Pero antes de que comiencen
a rodar rompecabezas
Píter llama al interfono
con un pack de diez cervezas.

Píter y yo suspendimos
juntos en el instituto,

a los dos nos encantaban
los Sex Pistols y Escorbuto...

Pero el punk se equivocaba
con su habitual candor
pues al fin sí hubo futuro
y, si cabe, fue peor.

Cueros, chapas, clavos, crestas,
uno a uno nos quitamos,
sólo dejamos un aro,
aquél por el que pasamos.

Así nos fuimos quedando
atrapados en la noria
donde reina la anarquía
del palo y la zanahoria.

Pero no todos caímos,
ahí Píter se mantuvo,
y por lo único que pasó
fue por un vaso de tubo.

Y es que Píter decidió
seguir siempre de aquel modo,
pues cuando mejor lo pasa
es cuando pasa de todo.

Cabe decir que en su caso
seguir punky es una gesta,
pues ya no le queda pelo
con el que hacerse la cresta.

Ni puede dejar de un trago
cuatro litronas vacías
porque ahora una resaca
le dura dos o tres días.

Pero siempre habla de aquellas
revanchas de futbolín
y de cuando nos zurrábamos
cantando el *God Save The Queen*.

Y tan fuera del sistema
le fue dejando el futuro
que se estampó con la moto
contra el graffiti de un muro.

Yo, que ya estaba marchito,
¿cómo le iba a aconsejar
al muy capullo de Píter
que debía madurar?

No he vuelto a cerrar un bar,
ni a bailar el *Should I go*,

ni a vomitar en un muro,
desde que Píter murió.

MORALEJA

No hace falta ser Flaubert
ni el mismo inspector Clouseau
para ver que el asesino
de Peter Punk fui yo.

Van Dog,

un artista con garras

Escuchad la triste historia
del perro de mi portera,
que por querer ser artista
fue a acabar en la perrera.

Él tenía algo dentro
que necesitaba sacar,
un no sé qué muy profundo
e imposible de expresar.

En estas cosas pensaba
cuando iba al pipicán,
donde mirando a lo lejos
pensaba «Un día verán».

Hasta que una vez su dueña
le estiró de la cadena
y su pis hizo un dibujo
abstracto sobre la arena.

Quedó el perro fascinado
ante aquella creación

y en ese momento supo
cuál era su vocación.

Ese día pasó a ser
artista a contrarreloj:
con un pis pintaba un cuadro
y lo firmaba: Van Dog.

Después se animó a ensayar
con texturas más opacas
y esculpió un autorretrato
con un trocito de caca.

Y fue tanta la impresión
cuando meó en el parqué,
que ese día se sintió
un verdadero Manet.

Buscando experimentar,
meó en la colcha de raso,
con lo que se armó en la casa
el *Guernika* de Picasso.

Meó otro día en la planta
que había junto a la puerta,
llevando a la perfección
la naturaleza muerta.

Su dueña, que no tenía
demasiada educación,
no vio en su obra maestra
más que una «aperración».

Su *happening* de año nuevo
fue mear dentro del punch,
pero, al pillarle, su dueña
le soltó el grito de Munch.

Nuestro perro, deprimido,
pensativo, cabizbajo,
se pisó un día la oreja
y se la arrancó de cuajo.

Como el gran artista que era,
nuestro artista incomprendido
fue encerrado en la perrera
donde murió enloquecido.

MORALEJA

Poca diferencia existe
entre hacer arte y mear,
pues en ambos casos tienes
algo dentro que sacar.

La ardilla ratera

Perdió su cola una ardilla
en la espina de una rosa
y desde ese día no fue
más que una rata asquerosa.

De vuelta a su madriguera,
cuando abrió su madre en bata
le dió un portazo gritando:
«¡Paco, trae el matarratas!»

Se fue entonces con las ratas,
pero ellas —no te lo pierdas—
enseguida vieron que era
«una ardillita de mierda».

Se vio esa noche en la calle
—digamos que a dos cerillas—
donde los gatos son pardos
y las ardillas pardillas.

Tampoco al llegar el día,
ni en los parques ni en las fuentes,

pudo la ardilla sin rabo
respirar tranquilamente.

Si hasta un día que olvidó
que le faltaba un pedazo
se acercó a unos domingueros
y se ganó un escobazo.

La ardilla, apenada, piensa
que no ser rata ni ardilla
es una carga pesada
e incluso una pesadilla.

Ya no se lava la ardilla,
pues, como dicen los poetas,
las ardillas resentidas
tienen algo de mofeta.

Pero un día se plantó
sobre una cáscara de nuez
y puso a Dios por testigo
y a su estómago por juez.

Cogió un puñado de tierra
y gritó: «¡Oh mundo esclavo,
aunque ya no tengo cola,
aún puedes besarme el rabo!»

(Nota, querido lector
—tengas pezuñas o manos—,
que los animales tienen
sentimientos muy humanos.)

Empezó robando migas,
luego fue a por fiambreras,
y al final se convirtió
en una ardilla ratera.

Pero un domingo luchando
por la piel de un roquefort
cogió un palillo de dientes
y apuñaló a un ruiseñor.

MORALEJA

Piensa la ardilla ratera,
metida en Carabanchel,
que uno tiende a parecerse
a lo que piensan de él.

CONFESIONES
DE UN OSO PANDA

Antes de que me enjaulasen
yo era un animal con garra
que andaba todos los días
con su *pandilla* de farra.

Pero un día me cazaron
y me encerraron aquí,
donde me filma la gente
y aun los de la BBC.

Mis cuidadores pretendían
que formase una familia,
pero yo me cerré en *panda*
pues me da asco la zoofilia.

Luego intentaron meter
en mi jaula a una osa panda
con la que el oso más soso
se hubiese ido de parranda.

Querían domesticarme
excitando mi apetito

pero yo soy más difícil
que el zorro del principito.

Mientras la dulce sonrisa
de mi ex-osa se avinagra
mis cuidadores me inyectan
sobredosis de viagra.

Pero yo sigo en el suelo,
disfrutando de la sombra,
decidido a seguir siendo
un oso panda de alfombra.

Un veterinario viene
a verme todos los martes
y dice que no me esfuerzo,
que no pongo «de mis partes».

Yo le diría una cosa
para ver si se consuela:
que lo hago frecuentemente
porque todo me la pela.

Lo cierto es que si me abstengo
no es tanto por convicción
como porque no me sale
hacerlo bajo presión.

Que si una cosa he aprendido
estando en cautividad
es que el amor se anquil-osa
si no se halla en libertad.

Si yo estuviese en la selva
no habría más gatillazos,
todo me lo comería
a mordiscos y a zarpazos.

Diréis que me contradigo
si digo, por lo demás,
que aunque me matasen antes
viviría mucho más.

Aferrado a estos barrotes
miro triste el horizonte,
y sólo pienso en huir
porque el panda tira al monte.

Siento que voy apagándome
y quizás tengan razón
los que sostienen que estoy
en peligro de extinción.

Moraleja

De verme aquí encadenado,
ciego lector, no te aflijas
que el día en que yo me escape
pienso comerme a tus hijas.

PLÁSTICA

Érase un hombre de plástico,
gimnástico,
orgiástico,

y una mujer elástica,
fantástica,
orgásmica,

con un hijo feísimo,
gordísimo,
solísimo,

que fue siempre pésimo,
décimo,
enésimo.

Un día lunático,
asmático,
trágico,

se empachó de ansiolíticos,
dentífricos
y específicos

y al verlo tan pálido
escuálido,
inválido,

la muerte colgada,
enamorada,
apasionada,

no quiere llevarlo,
borrarlo,
olvidarlo,

sino que mimosa
lo esposa,
qué cosa,

y lo deja en el coma,
qué broma,
qué broma,

y siempre va a verlo,
a mecerlo,
a lamerlo

a su media naranja,
en la franja,
en la zanja...

Y los padres de plástico,
gimnástico,
elástico,

al volver a su casa,
sin grasa
ni masa

chocan con el coche,
en la noche,
en la noche,

de una dama elegante
expectante,
al volante,

que de ver a su suegro,
de negro,
de negro,

y de ver a su suegra
se alegra,
se alegra,

en bolsas de plástico,
elástico,
drástico,

con mucho cariño
los lleva
a su niño

para que juegue, sin más,
a mamás
y a papás.

Ser o no Sergey
(Basado en una historia real)

No sé si ya os he hablado
de aquel matrimonio gay
que adoptó un niñito ruso
que se llamaba Sergey.

Pues, como son mis vecinos,
ayer desde el fregadero
logré oír cómo ahora el niño
les decía que era hetero.

Los pobres se preguntaban
qué habían hecho mal
para que ahora Sergey
sea heterosexual.

—¡Por Fangoria! —grita el padre,
el padre, digo, en funciones—.
Este niño no se casa,
lo juro por mis cojones.

Levantándose de un salto
grita furioso Sergey

que nadie puede obligarle,
si él no lo quiere, a ser gay.

Y que ya pueden tragarse
su evidente heterofobia
porque éste es un país libre
y hace un mes que tiene novia.

Y que cuando estén tranquilos
les va a presentar a Alesia
con la que está decidido
a casarse por la iglesia.

—¡Dios mío —dice la madre—,
qué disgusto, qué sofoco!
Con lo que te hemos querido
y ahora va y nos sales *loco*.

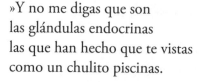

»Y no me digas que son
las glándulas endocrinas
las que han hecho que te vistas
como un chulito piscinas.

—Tranquila, mujer —dice el padre—,
que aquí no va a haber boda.
¿No ves que en nuestros días
ser hetero es una moda?

»Hijo mío —continúa—,
no debes sentirte mal,
pues nosotros te queremos
aunque no seas normal.

Pero Sergey no le escucha
porque sabe que es el prólogo
para intentar convencerlo
de que le vea un psicólogo.

Luego se pone comanche
y les grita con despecho
que para ser del Ensanche
los nota un poquito estrechos.

—¿Acaso quieres —le dicen—
ser secreto de sumario
y pasarte media vida
encerrado en un armario?

Entonces vuelven los gritos
y los reproches brutales,
que esta bronca acabará
(no por gay) en los anales.

Moraleja

Parece una paradoja,
—que ponga atención el clero—,
que tras tanto protestar
Sergey sea tan hetero.

Liou-Mío y Xiou-Lieta
(los amantes de Badalona)

Esta es la historia agridulce
de Liou-Mío y de Xiou-Lieta,
que huyendo de sus familias
se cortaron la coleta.

Que no os engañen sus nombres
ni tampoco su apariencia,
pues entre los dos había
una enorme diferencia.

Directa desde Sichuán,
huyendo de la miseria,
la familia de Liou-Mío
saturó un vuelo de Iberia.

Una vez en Badalona
abrieron un restaurante
con más dragones alados
que en el infierno de Dante.

Cuando vuelve de la escuela
Liou va a La muralla china

a ganarse el pan (de gambas)
trabajando en la cocina.

A Xiou-Lieta la adoptó
(ya se intuye la tragedia)
una pareja española,
digamos, de clase media.

Pero la integraron tanto
que acabó desintegrada
y siendo china la niña
se siente *desorientada*.

Pues Xiou es como un jarrón
de la dinastía Han
con un haikú traducido
al español/catalán.

Por eso cuando Xiou-Lieta
conoció un día a Liou-Mío
volvió a sentirse completa
y ahí empezó todo el lío.

Porque los chinos desprecian
a los bonsáis trasplantados
y los patricios no aprecian
los chinos traspapelados.

El padre de Liou gritaba:
«Quedalás sin postle estlella
y te comelás dos lichis
si te vuelvo a vel con ella».

(Yo no sé si eran los genes
o los ancestros de oriente,
pero cuando esto gritaba
le *rechinaban* los dientes.)

Liou le propone escapar
a su última emperatriz,
y ser él el cocinero
de su familia feliz.

Y en una ciudad lejana
montaron un almacén
aprovechando que juntos
se les pone todo a cien.

Si os los cruzáis por la calle
no los reconoceréis:
ella y su ropa de marca,
él y su falso Northface.

Moraleja

Las personas de este mundo
—sean chinos o esquimales—
aunque puedan parecerlo
nunca son del todo iguales.

Vida de una muñeca
(¿Qué fue de Barbie y Kent?)

De pequeña fue feliz
jugando a las cocinitas
pues a nadie le importaba
que fuese una *barriguitas.*

Con el paso de los años
fueron cambiando los gustos
y los vestidos de lana
le comenzaron a ir justos.

Su niña ya no quería
seguir jugando con ella,
pues ser madre es un estorbo
si quieres ser una estrella.

Temerosa de acabar
olvidada en un armario
la muñeca comenzó
a hacer deporte a diario.

Se borró todas las pecas
con la goma pelikán

y eliminó de su dieta
el sándwich de tulipán.

Se planchó la permanente
y se tiñó de morena
y estirándose del pelo
se hizo una larga melena,[2]

pues se le había metido
en la cabeza una cosa:
llegar a ser algún día
una muñeca famosa.

Y así nuestra barriguitas
—admirada admiradora—
con el tiempo llegó a ser
una *Barbie triunfadora.*

Pero una vez acabaron
sus cinco meses de fama
nuestra Barbie soñadora
acabó bajo la cama.

Tras pegarse un ojo roto
con algo de esparadrapo

2. Este poema ha sido rodado por profesionales.
   No intente imitarlo en su casa.

notó que se había vuelto
una muñeca de trapo.

Se pintó entonces los ojos
con crema de caramelo
y se hizo una minifalda
con una goma del pelo.

Y tirada por el suelo
entre seres olvidados
sobrevivía vendiendo
su cuerpo a clicks mutilados.

Que en aquel sórdido mundo
un juguete vulnerable
fácilmente se transforma
en *una muñeca hinchable.*

Poco a poco la muñeca
fue ganando tanta fama
que fue a ficharla la mafia
que hay debajo de la cama.

De este modo la heroína
de esta historia, por ilusa,
un día se convirtió
en *una muñeca rusa.*

Una noche de jaleo
a la altura de la almohada
murió en un charco de espuma
la muñeca desconchada.

MORALEJA

Juzgar con mucha dureza
no puede ser cosa sana
pues en verdad todos somos
muñecas de porcelana.

50 PRIMERAS CITAS

No sé qué pueda decir
de mi primer despertar,
digamos que parecía
una aguja en un pajar...

La primera vez fue en sueños,
estaba con Inés Sastre,
juro que yo no hice nada
y me puse hecho un desastre.

Cuando en medio de la noche
el frío me despertó,
tenía el puño cerrado,
¡el caballito voló!

Todo lo que me dejó
fue una sábana perdida
y una secreta nostalgia
que me dura de por vida.

La segunda fue en el baño,
pensando en Judit Mascó,

como abrí todos los grifos
creo que nadie me oyó.

Luego vino la psicóloga
que sale en *Instinto básico*,
las chicas de telecinco
y la del coche fantástico.

Nueve semanas y media
me las pasé como un bobo
y con la Pamela Anderson
fueron ocho, pero en globo.

Era mi cuerpo a la vez
democracia y tiranía
pues había represiones
y erecciones cada día.

Me conformaba con poco,
quizás un trocito de espalda,
un anuncio de refrescos
o el ombligo de Mafalda.

Era la hora de latín,
el purgatorio de Dante,
pues ¿cómo iba a declinar
con la Vanesa delante?

Pero sólo una persona
gana a Maribel Verdú
en el podio de mi infancia
y ese alguien eres tú.

Moraleja

Este breve sarampión
no es una enfermedad grave,
basta con darse unas friegas,
quien lo padeció lo sabe.

Si sois de los que pensáis
que este poema es obsceno,
quizá es porque sólo veis
la paja en el ojo ajeno.

La muerte
de la ostra

Se quedó helada del susto
la sección de congelados
cuando halló una ostra vacía
junto a un pañuelo usado.

—Igualito que mamá
—una gamba sollozó—,
que una noche se fue a un cóctel
y nunca jamás volvió.

—Es normal —dijo un besugo—
que tan mal haya acabado,
¿no veis que era la más fresca
de todo el supermercado?

»Si ya murieron por ella
en duelo, una madrugada,
un chuletón de ternera
y un corte de pez espada.

—Yo la vi —añadió una sepia—
con la pechuga de pavo

haciendo la pescadilla
que se muerde, perdón, el rabo.

—Meramente —dijo un mero—
no se puede ser más fresca
para estar en congelados
y seguir yendo de pesca.

«Serán todos deslenguados
—pensó indignada una almeja—,
nadie sabe cómo ha muerto
y todos la despellejan...»

—Os olvidáis del pañuelo
—dijo un salmón canadiense—,
quizá sería adecuado
que lo viese algún forense.

Cuando un camarón abrió,
con gran cuidado, el pañuelo,
la víctima apareció
dentro, como un caramelo.

Todos —pescados y carnes—
se estremecieron de horror
ante la terrible idea
de un kleenex depredador.

—No os asustéis camaradas
—les aplacó el camarón—,
seguramente esta ostra
murió de una congestión.

Nuevamente se quedó
el supermercado mudo
al ver que la ostra y el kleenex
murieron de un estornudo.

MORALEJA

Forma parte de esas cosas
que nos asombran y apenan
que siempre hayan de morir
las ostras cuando se suenan.

La metamorfosis

Cuando K, el escarabajo,
se despertó resacoso,
se encontró frente al espejo
con un humano asqueroso.

«No vuelvo a beber —se dijo—;
vaya con la orina añeja,
no me acabo de creer
el mal cuerpo que me deja.»

Cuando llegó a la cocina
dispuesto a desayunar
volvió corriendo al lavabo
con ganas de vomitar.

Con la cabeza metida
hasta el fondo del bidé
abrió un poquito la boca
y le gustó el tentempié.

«Nunca entenderé —pensó—
que el ser humano se pierda

el placer de degustar
un buen batido de mierda.»

Una vez que acabó K
de darse aquel atracón,
comenzó a considerar
su trágica situación.

No es sólo una cosa absurda
sino también repulsiva
acostarse escarabajo
y despertar cara-arriba.

Pero cuando comenzó
a pensar como un humano
se le pasó a K el disgusto,
y, frotándose las manos,

exclamó: «¡Qué suerte tengo!
¡Qué gozada! ¡Qué locura!
¡Que dentro de un ser humano
se guarde tanta basura!».

Que como por dentro aún era
un insecto pelotero
iba a ponerse las botas
en aquel estercolero.

90

Y se sentía tan bien
lleno de mierda hasta el cuello
que a veces hacía olas
para mojarse el cabello.

MORALEJA

Todavía hay animales
que defienden con firmeza
que el hombre no es peligroso
para la naturaleza.

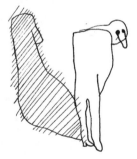

IV

III

Con faltas
y a lo loco (sic)

Disléxicos del mundo, ¡uníso!

Herrar es cosa de humanos
(lo saben los animales)
pero algunos hierros pueden
causar daños visuales.

El otro día un amigo
lloraba frente a una fosa
quejándose amargamente
de la *perdida* de su esposa.

Junto a un precipicio estaba
una clase de ESO y ¡oh!
yo no sé cómo lo hice
pero la clase *cayó*.

No es feminismo si digo
que no me parece lógico
que le hagan a los *barones*
un árbol *ginecológico*.

Yo creo que en otros tiempos
se ponía más fervor
en hacer que la gramática
andara o andase mejor.

Y hay faltas que en la milicia
cuestan el fusilamiento,
imagínense que un día
dicen «*no cabo*» a un sargento.

Escuché hace poco a un hombre
que era, según considero,
un asceta sudanés
pues *lapidaba* el dinero.

Sé que hay más de un criminal
que se considera un rey
porque no sólo vulnera
sino que *inflige* la ley.

Y no es que quiera meter
la llaga en el corazón
pero muchos necesitan
ir a clases de *adicción*.

Que aunque sea hipercorrecta,
digamos, su *ortografida*,

le faltan más *requesitos*
para ganar la partida.[3]

Pero no es porque nacieron
con un brazo bajo el pan
ni por las interferencias
del vasco o del catalán,

ni porque la Ana Obregón
y algunos de sus secuaces
provoquen con sus palabras
lluvias de estrellas feraces.

Yo creo que se aprovechan
de estas cosas los chiquillos
cuando dicen que hoy en clase
tocó encaje de *novillos*.

También me concederéis
que es una cosa muy rica
que la casa en la que vives
tenga el suelo de *fornica*.

3. Cuando estaba en el colegio
  tenía una condiscípula
  que por escribir sin faltas
  se traía muchas *ínsulas*.

Más interesante aún,
te lo dirá tu abogado,
es el poder agenciarse
un chaletito *endosado*.

Yo creo que las maestras
deben ser disciplinadas,
pues no es fácil enseñar
a *enderezar* ensaladas.

Cuando mi portera se empeña,
os digo que lo hace mejor
que un pleno de la Academia
limpiando y dando esplendor.

Si se hace un corte se pone
un poco de *esparatrapo*,
y a los *vagamundos sobrios*
los pone *ebrios* de un sopapo.

Y sabe que un accidente
en el que una vaca acabe
pegada al capó del coche
es un accidente grave.

A B C D E F G H I J K
L M N Ñ O P Q R S T
U V W X Y Z

O R T R O

T O N T O

I _ N _ O

Y que todo ser humano
tiene su corazoncito,
pues un día dos skins
la *intimaron* con sus gritos.

Yo creo que algunas faltas
deberían ser proscritas,
que el amor se vuelve cruel
si *desoja* margaritas.

Si en la calle oigo que un tipo
se *destornilla* de risa,
no me giro por si es Frankenstein
y me marcho a toda prisa.

En un camino privado
un dominguero se *haya*
y al final exclama triste,
valla valla aquí no hay playa.

Finalmente yo querría
rendir desde aquí tributo
a las personas que *expiran*
varias veces por minuto.

Moraleja

No toda falta merece
ingresar en los anales
pero algunas son tan gordas
que son faltas personales.

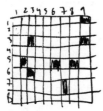

FRAN EINSTEIN
(O PROMETEO ENCADENADO)

Cuando Francisco nació
tras un parto adelantado,
sus padres nunca aceptaron
que saliese retrasado.

De ahí el plan educativo
—que tomaron tan a pecho—
de que no andase torcido
y que estudiase derecho.

Cada noche le leían
un canto de la *Odisea*,
y luego se iba a jugar
con su quimicefalea.

Tras algunas donaciones
(generosas y benditas),
consiguen que a su Paquito
lo acepten en Jesuitas.

En el colegio, Francisco
sueña con la facultad

mientras sus compis atentan
contra la diversidad.

Y mientras él lee a Tolstoi
y se ve todo Eisenstein
en la escuela todo el mundo
lo llama Francisco Einstein.

No os podéis imaginar
el silencio tan profundo
que reinó en la sala de actos
cuando hizo de Segismundo.

Al ver aquello sus padres
supieron, en su locura,
que un día su hijo sería
Nobel de literatura.

Y gracias a aquel derroche
de amor y pedagogía
poquito a poco Paquito
se sacó filología.

Pero antes nació su hermano,
al que llamaron Abel,
y que a los ojos de todos
siempre fue más tonto que él.

Por eso mientras Francisco
estudiaba a Juan Marsé,
Abel hizo la carrera
que va derecho a FP.

Más tarde Francisco fue
con una beca a Georgetown
y fue el primer doctorado
con síndrome de Down.[4]

Pero un día vio a una chica
de la que se enamoró
y aunque le enseñó el currículum
ella le dijo que no.

Y él, que era tan estudioso,
recibió tal calabaza
que si buscaba saber
le sirvieron siete tazas.

—¡Ay, mísero de mí
—exclama como en la escuela—,

4. No quiero quitarle mérito
   pero no puedo ocultar
   que en varias materias tuvo
   como profesor a Aznar.

me creía un buen partido
y soy sólo una quiniela!»

»Vive el pájaro contento
sin llorar por lo que ignora
y yo, mente voladora,
lamento mi nacimiento.
Vive el hombre su momento
creyéndose un ser genial
cuando es sólo un animal
con la espalda depilada,
y yo, que sé que no sé nada,
¿tengo que ser subnormal?

El monstruo toma sus libros
y uno a uno los destroza,
sobre tanta letra muerta
Francisco Einstein solloza.

    «¡Porqué me hicisteis así
—le dice a sus criadores—,
tomad la materia gris,
dadme formas y colores!»

«Qué pretendíais, doctores
—sigue el ingrato aprendiz—

vuestro deber no era hacerme
ser normal sino feliz.»

«Y ahora sí voy retrasado,
dejad, pues, que muera pronto,
que es triste saber lo justo
para saber que eres tonto.»

MORALEJA

Piensen lo que ustedes quieran,
interpreten, extrapolen,
pero no olviden que todos
somos en el fondo un golem.

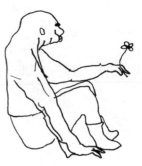

De ángeles y demonios

(o Las bodas del cielo y el infierno)

Dejad que os cuente la historia
(aquí tengo el historial)
que vivió la más curiosa
agencia matrimonial.

Ella

Ángela era un querubín,
tal como su nombre indica,
pero lo cierto es que nunca
se esforzó mucho la chica.

Es cierto que las maldades
que un ángel puede cometer
no son demasiado graves,
pero ella era de temer.

Yo no sé cómo se lo hizo
(en el cielo nunca estuve),

pero un día medio en broma
le pegó fuego a una nube.

Y otro día se coló
en el paraíso islámico
y acabó dando lugar
a un conflicto diplomático.

Cuando tocaba posar
salía tan asqueada
que hasta a Rubens las figuras
le salían alargadas.

Y Ángela era tan tardona
que del coro celestial
la echaron por si llegaba
tarde al juicio final.

Cuando llegaba la pascua
se ponía tan traviesa
que ponía de los nervios
hasta a la madre Teresa.

Un día, haciendo recados,
Ángela se despistó,
se le apareció a George Bush,
y ahora va y dile que no.

Al día siguiente casi
la expulsan del santoral,
pues no es que rompiese un plato,
es que se cargó el Grial.

Cuando tomaba Red Bull
se le aceleraba el vuelo
y acababa provocando
un terremoto de cielo.

ÉL

Para ser todo un demonio
Damián tenía candela,
pues era tan bueno que era
para ponerle una vela.

Desde pequeño Damián
se portó mal en la escuela,
pues siempre decía adiós
y jugaba a la rayuela.[5]

5. Como soy, según parece,
   un escritor de clichés,
   en mis cuentos el infierno
   siempre funciona al revés.

Damián se pasaba el día
pidiendo paz y sosiego
puesto que él nunca fue de esos
que le echan más leña al fuego.

Muchos querían echarlo
de las huestes infernales,
pues apenas practicaba
los pecados capitales.

Los más puristas decían
que no se puede expulsar
a un hereje del infierno,
puesto que ése es su lugar.

Pero todos aceptaban
que es un pecado nefando
que un demonio se descuerne,
aunque sea trabajando.

Que Damián no se quejaba
ni cuando se le exigía
pasear a Can Cerbero
nueve veces cada día.

La caída

En el último G-2
Dios le comenta a Satán
que hay que castigar a Ángela
y darle un premio a Damián.

Pero Satán le responde,
como ya es tradicional,
que no comparte su idea
de lo que es el bien y el mal.

Como ambos son omniscientes
encuentran con rapidez
la manera de premiar
y castigar a la vez.

La solución es sencilla
basta con que nazcan, lloren,
jueguen, crezcan, corran, vivan
y que un día se enamoren.

Pues en esa unión extraña,
obra de auténticos genios,
Damián va a ser el castigo
de Ángela, que será el premio.

MORALEJA

Si crees que es complicado
convivir en matrimonio,
imagina si las partes
son un ángel y un demonio.

RESPONSO

Pero déjate de historias,
toda vida conyugal
es recompensa satánica
y castigo celestial.

Educación a distancia
(Con la sartén por el mando)

He aprendido tantas cosas
viendo la televisión
que la considero el medio
del fin de la educación.

Gracias a la tele sé
(lo digo porque interesa)
todas las cosas que puedes
hacer con una compresa.

Con Mc Giver aprendí
novecientas mil maneras
de hacer explotar un tanque
con un clip y unas tijeras.

También aprendí en la tele
cómo con una cerilla
es posible iluminar
el estadio del Sevilla.

Y que todos los marcianos
(no tienen el monopolio)

tienen una fijación
con volar el Capitolio.

Y que si un día me pongo
a bailar en un pasillo
la gente que me rodee
se sabrá el baile al dedillo.

También sé que es necesario
para resolver un crimen
haber sido despedido
y/o que te subestimen.

Cuando veo que dos tipos
llevan juntos un cristal
sé que se lo va a comer
pronto un coche policial.

Si en las trincheras no quieres
morir de forma gloriosa,
no se te ocurra ir mostrando
el retrato de tu esposa.

Y también sé que no tengo
que quejarme de una herida
hasta que venga a curarme
una rubia desvestida.

Si en la torre de control
alguien te guía por radio
es sencillo aterrizar,
con un jumbo en un estadio.

Y también sé que en la tele
constantemente están dando
noticias relacionadas
con todo el que esté escapando.

Y que en este mundo pasan
tantas cosas a la vez
porque en todos los relojes
siempre son las diez y diez.

(Si estás gordo ten cuidado
porque todo guionista
nunca le deja a los monstruos
comerse al protagonista.)

También sé que en Nueva York,
aunque vaya en autocar,
no tendré que dar mil vueltas
para tener que aparcar.

También sé que si me caso,
aunque me lleve un martillo,

no voy a poder abrir
la cajita del anillo.

CARTA DE AJUSTE

El haber visto la tele
dejó en mí una gran impronta,
ya veis que hoy gracias a ella
me parto la caja tonta.

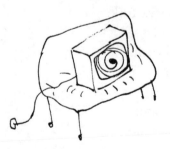

Docteur Jouve and Míster Mac

Titular

Aquí está el extraño caso
que conmocionó al país,
los crímenes más terribles
de Míster Mac en París.

Noticia

El docteur Jouve nació
en el corazón de Europa,
cosa que se traslucía
en sus modos y en su ropa.

De niño fue algo precoz,
si bien su primera cita
no fue una cuestión de amor
sino, más bien, erudita.

Por la mañana se tomaba
un tostón de Thomas Mann,

un vaso de Joyce de frutas
y un milhojas de Renan.

Llamó a su perro Lacan,
llamó a su gato Goethe,
el benjamín era Walter
y su esposa La Fayette.

Tenía un chalé en la Pleyáde,
una casa en la Montaigne
y un Nietzsche en el cementerio
con un busto de Verlaine.

Cuando estaba en la Camus
su esposa era Simenon
porque le cogía un Sófocles
si él quería un Fenelón.

Como estaba Debussy,
ella se sentía sola,
por eso empezó un diario
y al final se sintió Zola.

Los años van Maupassant,
se va quedando Calvino,
se siente un poco Stravinski,
y muy poco cervantino.

Pero el docteur Jouve esconde
un secreto terrorífico
tras las botellas de Evian
que inundan su frigorífico.

Tiene oculta entre el burdeos,
el gruyère y el gorgonzola,
una pócima secreta
que se llama coca cola.

Cada vez que se la bebe
se le altera el mecanismo
y se transforma en un monstruo
de contumaz consumismo.

Se arranca entre convulsiones
la americana de pana,
los pantalones a cuadros
y la bufanda de lana.

Luego se pone sus levis,
sus adidas y su custo
y sale con ganas de
consumir con sumo gusto.

De este modo transformado
docteur Jouve en míster Mac

se va directo de compras
sin pasar por el FNAC.

De golpe adora a los USA,
compra nikis de la NASA,
le pone Pamela Anderson
y su cultura de masas.

Después de haberse comprado
un doble de Britney Spears,
va a depilarse la espalda
pues no es un lobo en París.

Tiene una serie de *Friends*
que invita siempre a su *House*
para mirar la MTV
y en los *highlights* poner *pause*.

Por la mañana volvía
a ser el gran europeo
que viste ropa de Sartre
y es —gracias a Dios— ateo.

Era tan grande su *Ovidio*
que desde una estantería
«¡Qué vedo!», exclamaba Góngora
y «¡Te Virgilio!», Marías.

Pero una noche quemó
su nutrida biblioteca,
y no se salvó del fuego
ni el penúltimo planeta.

Otra noche mató a un hombre
que parecía Balzac
y luego entró en un McDonalds
y se pidió una big mac.

Por estar leyendo un libro
de un tal Jünger Habermás
dicen que a un colega suyo
nadie lo volvió a-ver-más.

Con su Northface y sus RayBan
y su jerga angloparlante
Míster Mac se llevó a muchos
al infierno por peDantes.

CIERRE

No hace falta que escojáis
entre Pamela y Balzac
que todos somos a ratos
docteur Jouve y míster Mac.

INDEPENDENCIA
EN LA GRANJA

Los animales reunidos
en pleno constituyente
acaban de declararse
un Establo Independiente.

Con gran animación
y cierta animosidad
los animales diseñan
sus señas de identidad.

Y es que ahora que han logrado
liberarse de los hombres,
hallan que en el paraíso
las cosas no tienen nombres.

—Mis graznidos son de fábula
—dijo la urraca orgullosa—.
—Mi lengua es más enrollada
—alegó la mariposa—.

—¡Escuchadme todos, leche!
—dijo de repente el grajo—.

Mi lengua es la más sonora
y elegante, ¡qué carajo!

(En una esquina un cordero
que había tomado café
preguntó: «¿Puedo ir al baño?»,
y su madre dijo: «Veee.»)

—Hablad ordenadamente
—exclamó un pollo campero—
porque si no esta asamblea
parecerá un gallinero.

—¿Ki es lo ki kieres dicir?
—dijo un gallo hecho una fiera—,
—¡Aquí van a caer leches!
—mugió una vaca lechera—.

—Si tanto nos peleamos
—puso paz una paloma—,
es que ya nos entendemos...
hable cada cual su idioma.

—Tiene razón —dijo el asno—,
vayamos a lo esencial,
y practiquemos unidos
nuestro nuevo himno animal:

»Alzad mil pezuñas horrí-i-i-i-sonás
coomo un solo y sangriento leó-o-on
defended como ove-e-e-e-jas uní-i-i-i-sonás
vuestra nueva animo-o-sa naci-o-o-ón.

»No olvidéis, establo glori-o-o-oso,
que el re-e-eino animal es testigo-o-o
de-e-el patrio pendoón victori-o-o-oso
del ominoso y huma-a-ano enemi-i-i-go-o-o.

»Nu-u-u-unca temas a la liberta-a-a-ad
populoso re-e-baño que c-u-u-ubres
la pa-a-atria, que sie-e-empre tendrá-a-a-a
mil y una ubérrimas u-u-u-u-u-u-bres.

—¡Animales —ladró un perro
acabado el recital—,
nuestra patria necesita
un ejército animal!

—¡Es cierto —saltó una liebre—,
juguémonos el pellejo
y apuntémonos veloces
en nuestra Legión Conejo!

—¡Camaradas! —dijo un zorro
señalando un agujero—.

¡Hay un topo entre nosotros,
un animal traicionero!

—¡Hermarranos —dijo el cerdo—,
necesitamos fronteras
que mantengan alejados
a los hombres y a las fieras!

El cerdo se granjeó
el apoyo de la granja
y les ordenó excavar
alrededor una zanja.

—Pero hay otros animales
que quizás quieran entrar
—dice un nido de cigüeñas
desde lo alto de un pajar—.

»Y es que el conejo silvestre
también es un compatriota
porque al ser presa de caza
el hombre también lo explota.

»Y las aves migratorias,
y los lebreles afganos
y los gatitos de angora
también son nuestros hermanos.

»E incluso, si nos apuras
—continúan las cigüeñas—,
el hombre es un animal
que se ha cortado las greñas.

»Y por no olvidar a nadie
—reanudan imparables—
hasta los marcianos tienen
derechos *inalienables*.

Pero el cerdo les convence
a todos con sus chillidos
de que un peligro amenaza
a los Establos Unidos.

Por seguridad detienen
a las cigüeñas del nido
(y hasta a un perrito faldero
deportan por travestido.)[6]

Al final toda la granja
acaba patos arriba
y es que el precio de una guerra
es la destrucción más IVA.

6. Señalo en traspié de página
   una verdad absoluta:
   toda res-pública es
   una vaca prostituta.

MORALEJA

Todas las granjas se odian
por una u otra cuestión
y ninguna se equivoca,
pues todas tienen razón.

Elige tu propia ventura
(Auto sacramental)

Voz

Despiértate alma dormida
que ya es hora de nacer,
desengánchate del éter
y cumple con tu deber.

Alma

¿Por qué de entre las esencias
que pueblan los firmamentos
me arrancan para que nazca
entre orines y excrementos?
Vive el hombre entre lamentos
porque ha dado en olvidar
que no es más que un ejemplar
algo imberbe del gorila,
y yo que estoy tan tranquila
¿tengo ahora que bajar?

Voz

¡Levántate ahora mismo
y vístete, alma insolente,
que están naciendo dos niños,
y me he quedado sin gente!

ALMA   Dios mío, tan de repente
        mi destino he de escoger,
        si parece esto una oferta
        de las que saca Spanair.

(Si quieres que el alma elija ser Njrunjru ve a la estrofa 1.
Si quieres que elija ser Borja ve a la estrofa 2)

VOZ   No hay que ser muy omnisciente
        para llegar a saber
        que por ser alma de cántaro
        muy pronto te has de romper.

NJRUNJRU Ciertamente nacer es
          como caer de un octavo.

VOZ   Aunque esta caída libre
        te va a costar ser esclavo.

NJRUNJRU Que me perdonen los dioses
          si digo que por aquí
          el más allá no es el cielo
          sino Londres o Madrid.

        Sólo por haber nacido
        en una región *tran-sida*

BORJA   ¿Qué ha pasado? ¿No he nacido?
        ¿Qué son todas estas nubes
        y estas mujeres de blanco
        con aspecto de querubes?

VOZ   Las nubes son algodón,
        las mujeres enfermeras
        y ese que llega es tu padre
        y su coche de carreras.

        Cosas de la geografía,
        vas a vivir como dios
        sólo por haber nacido
        dentro del polo Lacoste.

BORJA   Qué agobio, qué aburrimiento,
        me gustaría cambiar...
        quizás podría ahorcarme
        o hacer el París-Dakar.

me dicen que esta es mi tierra
y aquí me entierran en vida.

Voz   De tu Atlántida de tierra
        irás a un lugar más profundo
        pues naciste ante el estrecho
        más ancho de todo el mundo.

Ahora tengo que elegir
entre la moto o la cuerda...
No creáis que es cosa fácil
el ser un pijo de mierda.

FIN   FIN

MORALEJA

Dicen que somos iguales
mas luego del dicho al hecho
(no dejen ONUbilarse)
lo cierto es que hay un estrecho.

BOLSA HIPERCOR GAVIOTA
(HIP HOP INFANTIL)

Escuchad la triste historia
de inicio ligero y final drástico
que habla de una bolsa de plástico
que se creyó un ave migratoria.
Todo empezó
cuando se le rompió
el asa izquierda
y la señora que fue a comprar
la mandó
sin dudar
a la mierda.
Quizá los niños con el pavo
que leen cuentos agradables
no saben que en Caprabo
todos somos reciclables.
Y que cuando en la vida real
a una triste bolsa
algo le sale mal
nadie le reembolsa.
Pero aquella noche
de basura y reproche
la bolsa tocó fondo

y saltó a la acera
para huir a la carrera
de aquel destino hediondo.
Y rodó por la ciudad
hasta que cayó dormida
en plaza Universidad
a los pies de una deidad
disfrazada de mujer
de la vida.
Pero al cabo de un momento
comenzó a soplar el viento
y se la llevó volando
más allá de las antenas
que con sus treinta cadenas
arrestan a las nubes
(lo verás si un día subes)
por hacer contrabando
de sirenas.
Y agitando las asas
por encima de las casas
la bolsa va dejando atrás
el dos por uno,
las horas bajas,
el pack desayuno,
las rebajas,
y el quién da más.
Y mezclándose con las gaviotas,

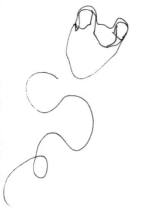

sintiéndose un pegaso,
se anima a seguir el paso
de sus nuevas compatriotas.
Polizonte
del horizonte
vuela junto a sus pares,
ya lo ves,
hacia lejanos lugares
donde la primavera
existe fuera
del Corte Inglés.
Pero cuando el viento para
y aquella nueva cara
empieza a caer,
aunque aquella familia
con la que ella se exilia
la intenta retener,
la bolsa se enreda en sus alas
y al final la realidad
le convence por las malas
de rendirse a las balas
de la ley
de gravedad.
Al dar contra el suelo
la bolsa despierta
y entiende que su vuelo
fue un sueño de oferta

y que en la realidad,
aunque nadie lo sospecha,
esas fantasías
son mercancías
con muy corta fecha
de caducidad.

La inspiración
que confirma la regla

Aquella noche mi musa
tardaba en aparecer
y yo empezaba a cansarme
de esperar a esa mujer.

Pero al ir a declararme
como poeta insolvente,
contra el flexo miss Oneto
aterrizó de repente.

Y sin saludar se puso
a revolver mis papeles
diciendo que no encontraba
sus condenados laureles.

Enseguida la noté
un tanto desapacible,
lejana, extraña, enfadada,
triste, rara e irascible.

—¿Qué te pasa? —le pregunté,
y me contestó que nada,

luego algo, luego todo,
luego que estaba cansada...

Y a continuación soltó
que yo ya no le decía
tantas veces como antes
lo mucho que la quería.

—Pero qué dices —le dije—,
he estado con gripe vírica
y además estoy pasando
malos tiempos para la lírica.

—¡No me mientas! —me gritó,
y llamándome embustero
de una patada volcó
sobre la mesa el tintero.

Y continuó diciendo
que no daba por mí un duro
y que a nuestra relación
no le veía futuro,

que a un auténtico poeta
no le pesan las legañas
para mirar por su musa
mirando a las musarañas.

—Eres injusta —le dije—,
si siempre estoy de vigilia
y hace unos días querías
presentarme a tu familia.

Pero ella siguió diciendo
que me veía distante
y que empezaba a pensar
que yo tenía una amante...

y añadió en tono sarcástico
que cualquiera pensaría
que mi verdadera novia
era la filosofía.

—Cuántas veces —exclamé—
hará falta que te diga
que para mí la razón
es sólo una buena amiga.

»Además —continué—,
tú sabes que soy sincero
cuando digo que tú eres
la musa que inspiró a Homero.

—¿En serio? —me preguntó,
y con un tono pegajoso

me suplicó que estuviese
un poco más cariñoso.

Entendí lo que pasaba
cuando vi sobre la mesa
unos poemas doblados
con aspecto de compresa.

¡Cómo no había caído
que había pasado un mes
desde que me había dicho
que lo que hago son clichés!

Al comprender que tenía
algo baja la autoestima
dejé a un lado mi poema
y le dediqué una rima:

«A la regla del Parnaso
obediente me someto,
ya que todos mis poemas
nada son sin miss Oneto.»

A la mañana siguiente
vi que mi musa había
escrito en un papelito
cuantísimo me quería.

Y que aunque yo no iba ser
más que un poeta frustrado
por una extraña razón
de mí se había colgado.

MORALEJA

No te agobies si las musas
están un poco cabronas,
que a veces la inspiración
es una cuestión de hormonas.

El sexto sentido
(Gorda como una tapia)

Hace poco que a la abuela
le pusieron sonotone
y mamá se enfada mucho
porque nunca se lo pone.

Pero un día se durmió
con el sonotone puesto
y al final se lo cargó
haciendo no sé qué gesto.

Desde entonces la abuelita
empezó a sintonizar
todo tipo de aparatos
con aquel auricular.

Al despertar se pegó
un par de sustos atroces
pues, según se colocaba,
empezaba a escuchar voces.

Primero, mientras hacía
tranquilamente un pipí,

pilló el dial de la radio
del coche de Lady Di.

Al levantarse de un salto,
empezó a oír las llamadas
en las que Camila Parker
le decía a Charles guarradas.

Creyó que estaba demente
hasta que al fin se dio cuenta
de lo que había pasado
con su pequeña herramienta.

No le picó el gusanillo,
que le picó el culebrón,
de oír aquellas historias
de corazón corazón.

Y es que ahora la abuelita
con un par de balanceos
se entera a la perfección
de todos los cotilleos.

Un día consiguió hallar
con un golpe de cadera
la codiciada frecuencia
del móvil de la portera.

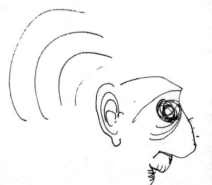

La abuela, que estaba gorda,
mira ahora qué cintura,
pues no para de moverse
buscando más cobertura.

Una noche el sonotone
pilló una señal marciana,
pero lo apagó pensando
que era una peli marrana.

La abuelita ya no está
todo el día melancólica,
pues se lo pasa genial
con su antena parabólica.

Pasa de cine de barrio,
lo que quiere es el dial
de los micros escondidos
que hay en el despacho oval.

Ya no quiere culebrones,
ella va a por anacondas
y merece más que algunos
que le den un premio ondas.

Cuando toda la familia
la ve ahí tan calladita

se piensan que no se entera
de nada la pobrecita.

Pero ahora cada tarde
la abuela está acompañada
porque las vecinas quieren
que las mantenga informadas.

Una tarde la abuelita
tropezó con el sofá
y acabó sintonizando
con seres del más allá.

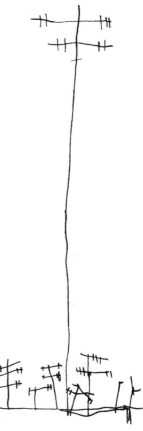

Oyó un discurso de Franco,
oyó una peli de Ozores,
oyó la canción del NODO
y la voz de Lola Flores.

La abuela se quedó inmóvil
por no perder cobertura
ahora que oía por fin
a su esposo en las alturas.

Fin

ÍNDICE